Nave sorda

Nave sorda

René Rodríguez Soriano

Colección: Calíope

© René Rodríguez Soriano, 2015
© Libros Medio Siglo, 2015

ISBN 13: 978-0692424148
ISBN 10: 0692424148

All rights reserved. This book or any portion thereof may not be reproduced or used in any manner whatsoever without the express written permission of the publisher except for the use of brief quotations in a book review.

First Printing in Libros Medio Siglo: August 2015
Primera Edición en Libros Medio Siglo: Agosto de 2015

Cover Design/Diseño de portada: Ismael Aguilar
agruismael@gmail.com

Original Drawings/Dibujos Originales (tapa e interior): Venus Guerrero
Autor's Picture/Foto de Autor: © Regina Swain

www.librosmediosiglo.org
mediosigloeditorial@gmail.com

Ordering Information:
Quantity sales. Special discounts are available on quantity purchases by corporations, associations, and others. For details, contact the publisher at mediosigloeditorial@gmail.com
(956) 577-3093
Harlingen, Texas
USA

PRINTED IN THE UNITED STATES OF AMERICA
IMPRESO EN ESTADOS UNIDOS DE AMÉRICA

*¿En qué hondonada esconderé mi alma
para que no vea tu ausencia?*
Jorge Luis Borges

A papá
a mamá
y a Oliva
del lado sin orillas

Travesía

Nave sorda, pequeño
milagro de la poesía en prosa | 11
Viernes | 19
Sábado   21
Domingo | 23
Lunes | 26
Martes | 28
Miércoles | 31
Jueves | 33
Viernes | 35
Sábado | 37
Naufragios | 41
1 | 42
2 | 43
3 | 44
4 | 45
5 | 46
6 | 47
7 | 48
8 | 49
9 | 50
10 | 52
11 | 53
12 | 54
13 | 55
14 | 56
15 | 57

Nave sorda de René Rodríguez Soriano, pequeño milagro de la poesía en prosa

Charles Baudelaire, quien hiciera famoso el poema en prosa con la publicación de *Petits poèmes en prose (Le Spleen de Paris)* (1862), hablaba ya del "milagro de la prosa poética", para dar cuenta de esa invención mágica. Y aunque los términos "prosa poética" y "poema en prosa" se han usado indistintamente desde su origen, algunos críticos han querido perpetuar la oposición entre poesía y prosa, como si quisieran excluir la poesía de la novela o el cuento, del cine y la música o la pintura. René Rodríguez Soriano, quien ha escrito cuentos en prosa y poesía en versos, no deja de sorprendernos con "el milagro de su prosa poética" y esta vez nos regala su más reciente libro *Nave sorda* (2015).

Nave sorda es un poemario dividido en nueve poemas: ocho en prosa y el último, titulado "Naufragios", en versos. Del viernes al sábado de la siguiente semana, a cada día le corresponde un poema, como si se dijera, "danos hoy nuestro poema de cada día". Cada poema está precedido por un epígrafe con los versos de poetas latinoamericanos, entre los que se encuentran Álvaro Mutis, José Emilio Pacheco, Fayad Jamis, Tomás Segovia, Enrique Molina y Elizabeth Schön, entre otros. También, cada poema se encuentra antecedido por un poema más breve que sirve de introducción. Además, el poemario tiene un soporte iconográfico: las pinturas de Venus Guerrero.

Tanto los días de la semana, como los epígrafes, los poemas más breves y los cuadros constituyen lo que Gérard Genette denominó "paratextos":"Así, el paratexto es para nosotros el medio por el cual un texto se convierte en libro y se propone como tal ante sus lectores, y en general, al público". En los tres primeros casos se trata de paratextos verbales, y en el cuarto, iconográficos. En la disposición estereográfica de la página, los paratextos verbales (día y epígrafe) se encuentran ubicados arriba, a la izquierda, seguidos por el poema introductorio, a la derecha. Los cuadros se encuentran intercalados entre los poemas.

Jorge Luis Borges consideraba los paratextos como vestíbulos que nos permiten llegar al texto. Los epígrafes, como paratextos, tienen como función no sólo establecer un diálogo intertextual entre el autor y los poetas latinoamericanos, sino también abrir puertas al "vestíbulo" de los poemas. Asimismo, los lectores podrán acceder a esas pequeñas arquitecturas del poema en prosa. Las pinturas de Venus Guerrero, que constituyen un soporte visual de las imágenes que aparecen en los poemas, representan figuras en agua, tinta y café, confinadas entre paredes, acostadas o en posición fetal, y expresan la soledad y la ausencia del yo poético y la amada, respectivamente.

De los cuatro elementos materiales, el estado líquido es el más frecuente en las imágenes de este poemario: agua, lluvia, mar, río, humedad, vino, sangre...o metonímicamente: nave, veleros, peces, ahogados, acuarela, puente, oleajes, naufragios, bañarse, beber... También, el título del poemario, *Nave sorda*, remite a las aguas del mar. En la portada, las letras se encuentran sobre unos trazos que simulan el romper de olas entre los arrecifes. Como en el río de Heráclito, en la poesía de René, el agua señala la transitoriedad. Al respecto, Gastón Bachelard, en su libro *El agua y los sueños*, expresa lo siguiente:

> El agua es realmente el elemento **transitorio**. Es la metamorfosis ontológica esencial entre el fuego y la tierra. El ser consagrado al agua es un ser en el **vértigo**. Muere a cada minuto, sin cesar algo de su sustancia se derrumba. La muerte cotidiana no es la muerte exuberante del fuego que atraviesa el cielo con sus flechas; **la muerte** cotidiana es la muerte del agua. (El énfasis es mío)

A través del agua, vinculada al cuerpo femenino, el yo poético agoniza y transita entre el deseo y la palabra en estos poemas prosa: "Mujer que se hace agua y retorna y se va/nunca otra vez…" o "Insegura y vacía, en aguas del azar sin aire…"

Agrega Bachelard que "[E]l agua es también un tipo de **destino**, ya no solamente el vano destino de las **imágenes huidizas**, el vano destino de un sueño que no se consuma, sino un destino esencial que sin cesar **transforma** la sustancia del ser" (El énfasis es mío). En estos poemas en prosa, el agua no es sólo el medio de tránsito entre el yo poético y la amada, sino también la transformación del yo poético en visionario del pasado (*déjà vu, déjà lu*), a través de una catarsis.

En una "Gramática del deseo", como nos propone el autor, el yo poético (yo) y la amada (tú) intercambian posiciones en el discurso, de manera tal que dicha relación establece una intersubjetividad entre ambos. El yo poético canta a la soledad, a la nada, producto de la ausencia de la amada, quien es entonces "invocada" a través de la segunda persona: "¿Dónde estás?... "Bebo a sorbos largos tu recuerdo". En este otro poema, la invocación de la amada ausente es mucho más enfática y erótica:

> Si escribo en esta página es porque te espero, desbrozando distancias, anulando caminos. Dime lo que no dices y hazme vibrar con fuerzas. Empuja —como dices— los verbos que sabemos, los que no inventa nadie de un pueblo que inventamos antes que anoche ciera.

Si el lector no conoce los verbos, porque son invención de los amantes, los pronombres yo/tú establecen una fluidez verbal entre los amantes, y entre los lectores virtuales y los amantes, asumiendo las posiciones de los pronombres. Esta identificación es a la vez un acto de *voyeurismo*, como si el lector estuviera espiando el erotismo verbal de los amantes que sabemos separados. En uno de los poemas introductorios, la amante es enunciada en tercera persona ("ella", la no-persona, según Benveniste), y entonces la voz poética se convierte en segunda persona y toma distancia de la amada, pero una distancia que hace posible la comunicación entre el yo y el tú: "Esa mujer, portadora de la **mirada** más/audaz del calendario, hizo y deshizo mil nudos/en tus dedos y en tus sueños. Entró y Salió por/las pasarelas de/la nada" (El énfasis es mío).

Entre el yo poético y el tú de la amada se instala la mirada *voyeurista*: "Te llevaste en los ojos los sonidos y el tiempo….", "[O]jos que habitan mi lenguaje…". No hay erotismo sin mirada. La palabra *eros* proviene de *orásis*, es decir, de la visión o la mirada a la belleza. Las referencias a los ojos, a las miradas y las imágenes visuales proliferan a lo largo del poemario. Pero estas miradas se encuentran proyectadas en la ausencia de la amada. El erotismo, como derroche no productivo, sólo puede ser expresado como ausencia-carencia a través del placer lúdico y del lenguaje como imposibilidad: "[T]**ú y yo**, trotando, lúdicos y **lúcidos**, en la siesta del lunes, **mojados…**" (El énfasis es mío).

"Naufragios", el último poema, en verso, sirve de correlato al título del poemario, *Nave sorda*. Si navegamos en una nave sorda, no ebria, como la de Rimbaud, corremos el riego de naufragar en el amor. Acaso sorda sea la amada, que se resiste a escuchar el canto del poeta, no la nave; como Ulises, quien se taponara los oídos para no escuchar el canto de las sirenas. "Naufragios" es un viaje al desencuentro entre el yo poético y la amada y, como todo viaje, es una jornada de transformación de la cual nunca se regresa igual: "En la acuarela de mi sombra/hay tonos para retocar tu olvido". Es un viaje que nunca logrará salvar la distancia con la amada, y por lo tanto, recuperarla de la ausencia. Las aguas del mar son la substancia del erotismo y al mismo tiempo "imágenes huidizas" y "destino" de la soledad del yo poético.

Nave sorda de René Rodríguez Soriano es un "pequeño milagro" de la poesía en prosa. Y es también un canto al amor y al erotismo. Parafraseando a Simónides, "La pintura de Venus Guerrero es callada poesía, la poesía de René es pintura que habla".

Fernando Valerio-Holguín
Colorado State University

Nave sorda

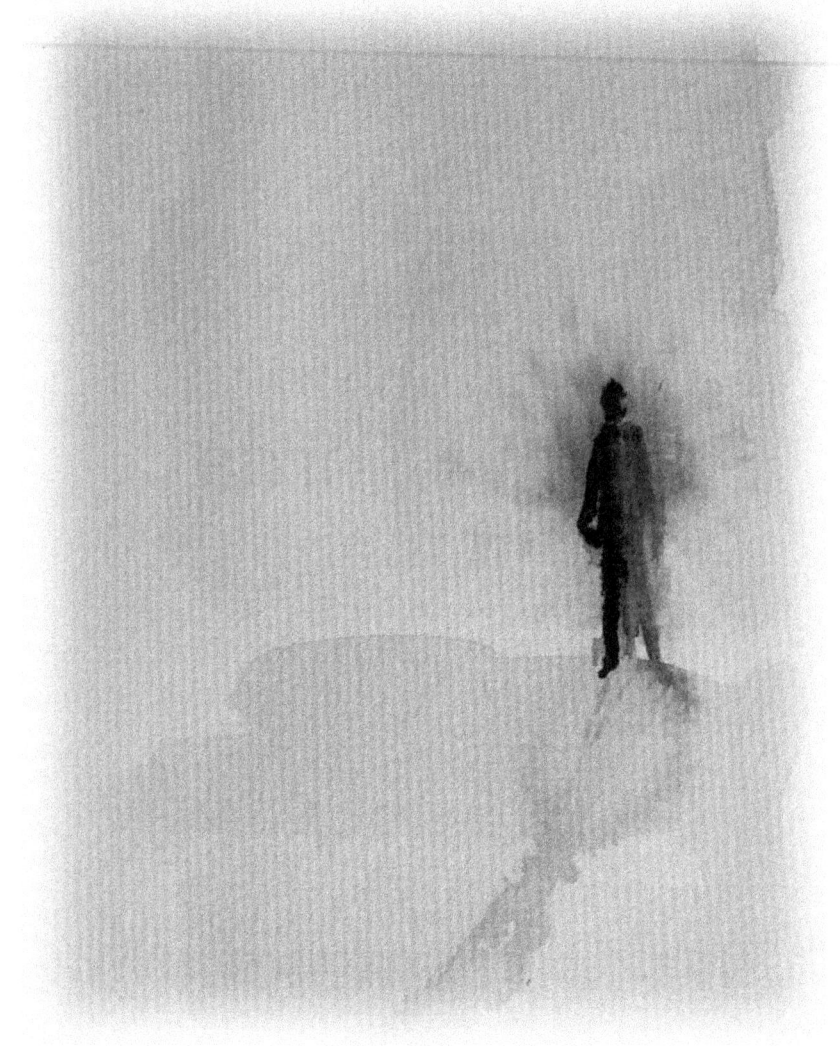

Viernes

*En la noche de los bosques
los zorros buscan
tu rostro...*
Álvaro Mutis

Esa mañana, la última del año
que ya enfilaba sin presagios
hacia el túnel del olvido, ella
entra con un clavel entre sus labios.
Desmoraliza tus augurios,
tus fuerzas
y tus ojos.

Enciendo el cigarrillo de la tarde, ausencia y no descifra tu paradero el humo. La lluvia sorda juguetea en los cristales, y algún muchacho desandará sin rumbo por los charcos de ese pueblo fantasma que inventamos bajo las sábanas, pienso. Sigo pensando y manoseo los rafagazos de tus labios, esa expresión tan mía que no registrará jamás cámara alguna. Hay un verbo perdido, imperfecto y desnudo, conjugando mil voces en las frondosas humedades de tu talle, pasión que descarrila, tu sonrisa, tus entregas. Si aparecieras, la gramática del deseo daría los mil sentidos dispersos del diccionario absurdo de estas horas.

Sábado

La infancia se ha llenado de soles y de lunas;
el folio de mis nombres se está desvaneciendo...
Aída Cartagena Portalatín

Como chichigua en banda,
se va.

Temprano, esta mañana, la ventana te oteó, en el aire flotaba la jarina melosa que evoca tu silueta y rebusqué en mis labios residuos de tus besos; oí girar tus aspas tan cerca de mis manos. Ahora sé que duermes distante de mis remos, quizás dibujas tenues ternuras maternales o envuelves mi recuerdo en tu telar de sueños. En cambio, aquí los pájaros, alborotan las horas, la calma y el silencioso tedio. Te llevaste en los ojos los sonidos y el tiempo, la música que alumbra esta apagada estancia. Dime algo que me espante (si llamas di que eres el cobrador que espero, para saldar con creces esta angustia salvaje, pluscuamperfecta y loca), no me aflojes la rienda, resbala la pendiente y es tan ácido el día cuando nadie responde.

Domingo

Soy y no soy aquel que te ha esperado
en el parque desierto una mañana.
José Emilio Pacheco

Esa mujer, portadora
de la mirada más audaz del calendario,
hizo y deshizo mil nudos en tus dedos
y en tus sueños. Entró
y salió por las pasarelas
de la nada.

Este vino del domingo sabe a zonas de tu pelo. Bebo a sorbos largos tu recuerdo. Aspan mis pensamientos amplios paisajes de tu cuerpo. ¿Dónde estás? Apresuradas, las horas, silban letanías sordas. Esta espera tiene en vilo todo un ejército. Lerdos caballos rumian un horizonte torvo. Abrevan las bromelias su muelle complacencia y ni un asomo de tu talle entalla en el sinfín de esta resaca. El humo del cigarro filtra porcelanas y manías; duende no para de nombrarte y no hay ni un ápice de arrogancia en pie. Acaba de una vez, subvierte esta modorra de domingo. Desenfrena las hélices de la locura, de un tirón sin titubeos. Es tiempo de que impongas sonora tu presencia.

Lunes

infinita es la noche de no vernos....
Tomás Segovia

> Deja al desgaire tus recursos
> y se interna adentro, muy adentro,
> capitaneando la nao.
> No tenía otro norte
> que no fuera Montecristi.
> Azul candente mar, encandilando
> sueños y deseos.

Pie no para, anda desorbitado, sonámbulo y callado, medio duende imposible, cabizbajo y desnudo. Piensa que la distancia es un puente amarillo con las vigas colgando (tú, de un lado dormida, y el asfalto es tan frío, deficiente el servicio). No hay conexión posible, la frecuencia inservible. Anda, ausencia, alborota esta cuadriculada paz. Inventa algo. Transita firme y leve (toda tú), sobre esta calma chicha y líbranos del mal de la inactividad, aún.

Martes

Vuelvo a tus ojos y en ellos te dejo
este apunte a lápiz que no dice nada.
Carlos Pellicer

Alza el sol altos
y luminosos trapos sobre el cenit;
lame la sal con furia
los corales y los arrecifes,
y los veleros y los catamaranes al fondo,
polifónica melodía de colores y sonidos,
argamasa de reflejos y aleteos de gaviotas,
martines pescadores, cangrejos
y larvitas.

Si escribo en esta página es porque te espero, desbrozando distancias, anulando caminos. Dime lo que no dices y hazme vibrar con fuerzas. Empuja —como dices— los verbos que sabemos, los que no inventa nadie de un pueblo que inventamos antes que anocheciera. Bruja de mis desvelos, loca mansa sin bridas, cabálgame hasta el alba, mira mis manos brochas; siente mi dedo loco —así como tú dices—, meliflua lengua muda; idioma de tus rosas, soporte en tus vaivenes (pie de amigo no entiende de alfabetos callados, quejido que tú guardas cuando das y recibes). Dime que soy tu potro, cabálgame hasta siempre, no te desmontes nunca, amazona insoluble, soy yo cuando soy tú, vencido entre tus aspas.

Miércoles

*¡En mis bolsillos traigo cartas estrujadas
que me escribí yo mismo
para engañar mi soledad...!*
Fayad Jamis

Esa mañana en el recuerdo
crece y se encumbra, te llena de pétalos
y rocío el pecho y los pulmones.
Esa mañana, esa mujer,
contundente mirar, labios
que son abecedario del deseo.
Esa mujer, enigma de la luz y los corales.
Mañana que llama hacia sus llamas.
Mujer que se hace agua y retorna
y se va nunca otra vez...

Encesté tres lances de tres, con la defensa encima y estabas muy presente en todos mis torpes *dribblings*, muy cerca, con las naranjas o los labios sedientos sin enigmas. (Ayer, indetenible, mi lengua burló todas las estrategias imaginables. Corta quedó la china coñosa. Un hecho, la conexión, la melodía sublime de las aspas, los jadeos: el poema). No hay pechuga que pueda con nosotros, Tía tendrá que darnos bonos; somos lo máximo a toda hora. Qué sana es la verdura que nos nutre, qué dulces los melones y las uvas: tú y yo, trotando, lúdicos y lúcidos, en la siesta del lunes, mojados, y este sabor de cosas impensadas, acompasando la ubicuidad de nuestras manos, texto y contexto, por los parques y las calles, pareja dentadura; sonrisa cuerda de locura, presencia de llovizna, cintura de mis dedos y mis fuerzas (que son más yo cuando soy tú, vaporoso y desnudo, reclinado a las grupas de tus sueños, mar adentro, si doy lo que has pedido, ojos que habitan mi lenguaje), rienda tensada que me sueltas y vienes hacia mí, mansa y torcaz, bajando Arroyo Arriba, sin frenos.

Jueves

*sin más guitarra que la fogata del naufragio
encendida no importa dónde*
Enrique Molina

> Texto imposible de escribir
> camino a Montecristi, calma mar,
> dulces presagios, y toda ella
> casi presencia en todas las playas y el azul
> que suena en la canción
> cuando ella vuelve y vuelve
> y se va...

Rompí los cascabeles del silencio, dije que era un muchacho, lo arreglé como pude, guardando la distancia, como sé que te gusta. Esperaba encontrarte. Al llegar, uno siempre supone que está la mesa puesta y, sonriendo en algún cuarto con geranios, la música sorda de tu pelo para abatir la angustia y el cansancio. Pero —siempre hay un pero—, cuenta el azar, que casi siempre se cuela y cuenta.

Viernes

Emerge tu recuerdo de la noche en que estoy
Pablo Neruda

> Insegura y vacía, en aguas del azar
> sin aire sin paraguas, riela
> noche a través,
> tambaleante y herida,
> mortalmente herida,
> desangrada.

Oyendo tu canción, filtran mis sueños penas y estrabismos. Esta distancia atroz, da de beber del agua que no cesa, enrojeciendo el ojo tieso, dedo y horas en salmuera, tú girando en mi alfabeto en bandas. Asomos y promesas, urdiendo en lontananza. ¿Qué ha sido de tus aspas, sus giros deslenguados, barriéndome la angustia? ¿Qué ha sido de mis manos, desgonzadas y ciegas? Di que has vuelto, llena la estancia sorda con tonos encendidos; di que estás y que eres capitán, capitana (ya sé que hacer con esta boca cada noche, frente al mapa de tus carnes).

Sábado

*Sólo la danza
como lluvia púber sinfoniza arterias*
Plinio Chahín

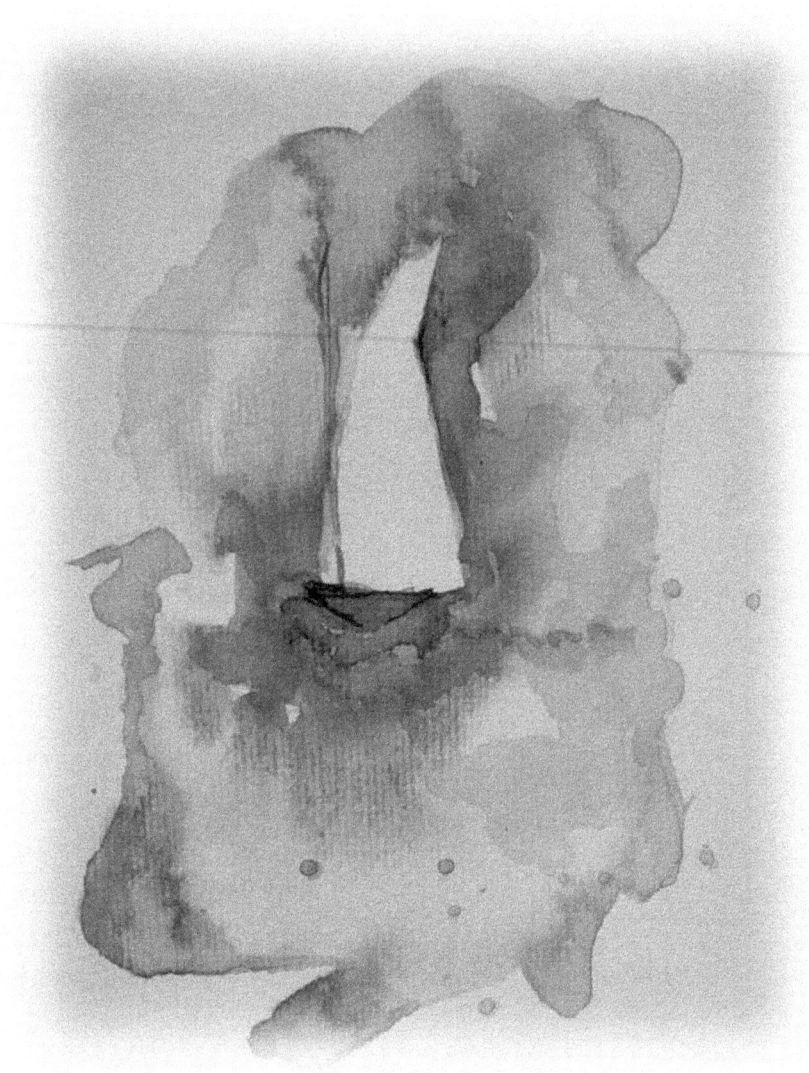

Sorda y ciega,
trompo bailando sin saber
que baila,
sin escapularios sin luna,
desmadejadamente sola,
perdida y sola,
desangelada

A pago el abanico en mis recuerdos, Ausencia; refocila la lluvia sorda en el traspatio y en estas manos despistadas, amargo este sabor, un poco olvido; apuro de este día, al margen de sus goznes, este sabor sin riendas del veneno, esparciendo su vida entre lo muerto.

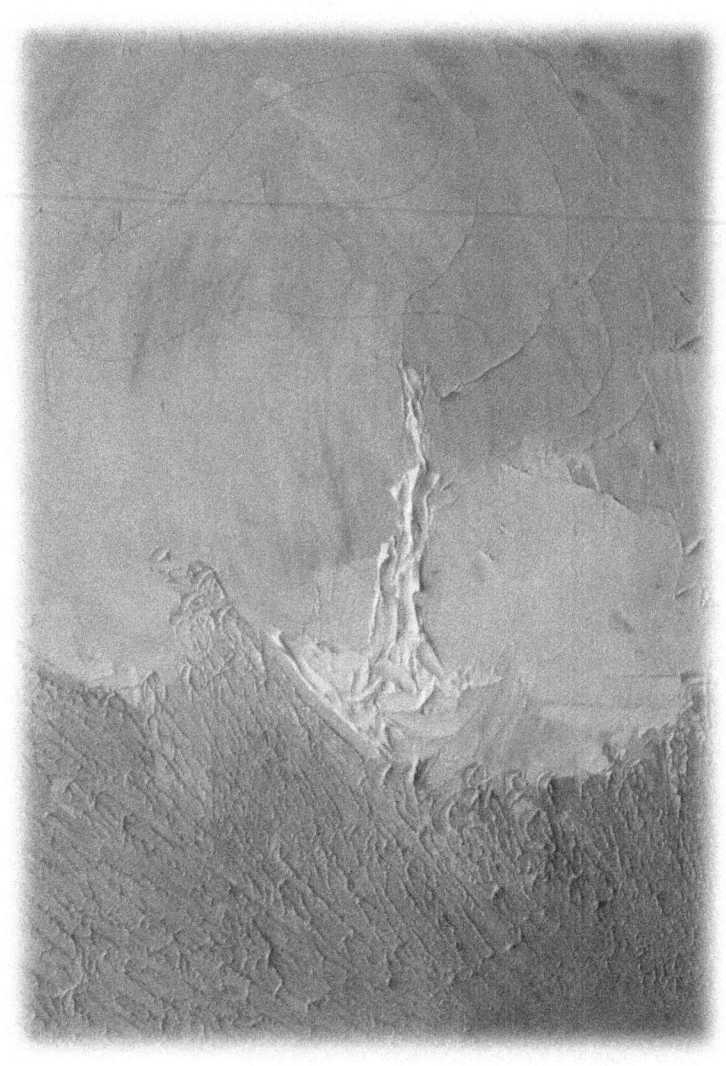

Naufragios

¿Qué cargan las hojas para dormir sobre las aguas?
Elizabeth Schön

1

En la doble autopista del deseo, yo voy
porque tú vienes. No hay salidas
ni escapes de las rutas. No hay
vuelta atrás en este viaje unívoco. Vienes
y voy en un haz, encendidos,
cuerpo a cuerpo.

2

No hay pasión más encendida
que este vuelo hacia tus rosas; no hay luz,
sólo ardes tú, mi sol que no derrite alas.

Sacude de un tirón el mar y la distancia,
que en mi pecho el agujero de tu adiós
duele mis alas hasta el desgaste.

3

Perdido en el celaje de tus ojos,
voy de traspiés en traspiés,
luz desgajada por los vanos del río,
asido al pelo insano de Lucrecia,
dulce veneno que me ata,
aunque me vaya.

4

Bebe y escancia mi veneno,
voy sin rumbo,
voy sin freno en esta alfombra roja.
Si llego, si es que llego,
enciende una canción
o apaga con tus llamas la sed...

5

En la acuarela de mi sombra
hay tonos para retocar tu olvido.

Pulsa el pincel
y como un ángel, retornará
tu nombre a tu memoria.

6

Perdido, ardido, en la masmédula
de tus laberintos, tu voz me sopla la canción;
asido al eslabón de tu gorjeo, floto,
persisto y me salvo
de la abulia de mi muerte, herido.

7

Morir en tus entrañas, dices,
como si fuera el castigo que inventó algún dios.

Será el infinitivo, el verbo que me salve,
lo mismo que nacer desde adentro de ti
después del tiempo
                complementario,
con el balón en nuestra cancha.

8

Si me vieras, si estuvieras aquí, desnuda
de ese velo en do o en fa
que baña su silencio
en el piano de tus ojos, cantaras
la canción que abate el frío
y la distancia.

9

No tejo,
no escribo;
danzan mis dedos
sobre las baldosas
del teclado,
a un ritmo ciego audaz
bolero y malandrín, ausencia.

10

...y, si es que vuelves,
ondea suavemente el abanico,
y canta una canción.

La que tú sabes.

11

Cuando introduces el pincel,
y sacas música
de las branquias de los peces
o del lamento de los ahogados,
canta el río su canción más suave.

12

Sueno el tambor;
abro una gaseosa o la ventana,
y me bebo el silencio
de la llovizna de allá afuera,
o el silencio de los locos
o el de los atabales, negro bien negro.
Un silencio que lo apaga todo
y es bueno hasta para el olvido.

13

Como gaviotas
vuelan los olvidos, y se alejan,
sin llegar a perderse en el baldío,
llevándose jirones
y descarnaduras entre las uñas.
Tristes, asonantes
y dolidos acordes de guitarra
que se entreveran
en las tangentes y secantes
del naranja que se baña
o destiñe en los mares de la tarde.

14

Espántame la codorniz del miedo,
alza la cruz del sur para este norte torpe
que desafina mi violín de luz tardía,
y ciega mi escopeta zurda de asolar manglares;
dame un trago de sed,
y viérteme ardiendo en tus riberas.

15

No traje nada preparado,
vine solo con la intención de pintarte
una acuarela en el azul o soplarte
una sonata casi gris o decirte
no sé qué con no sé cuáles
sustantivos y adjetivos o mirarte
o mirarme en tus ojos en la bruma
o decirte o no decirte nada
que lo es todo.

Sobre la Ilustradora

Venus Guerrero (Santo Domingo, RD, 1976), egresada de la Escuela Nacional de Bellas Artes (2002); ha realizado talleres de Grabado y Pintura, y una Licenciatura en Publicidad, mención diseño de la Universidad Autónoma de Santo Domingo (2002). Actualmente se encuentra a nivel de tesis para optar por una Licenciatura en Música, en la misma universidad. Desde el 2008 realiza estudios de Violín y Violonchelo. Es violonchelista de la orquesta de cuerdas Gocessa, la Filarmónica Proarte-Latinoamérica y de la orquesta Presto; profesora y directora de la Orquesta de Cuerdas de la Casa de Arte de Sosúa, Puerto Plata.

Nave sorda fue impreso sobre papel crema de 60 gramos. En su composición se emplearon tipos de la familia Times. El cuidado de la edición estuvo a cargo de Mónica Álvarez y **Libros Medio Siglo**.

www.ingramcontent.com/pod-product-compliance
Lightning Source LLC
Chambersburg PA
CBHW051703040426
42446CB00009B/1283